U0023952

什麼是 自由？

作者：HELLO BONNIE 國際親子台

 ×

一 序 一

承蒙大家的錯愛，推出第一本書時，得到大家熱烈支持，一批又一批的訂貨，
讓我明白父母心底裡對小朋友的期盼，對孩子未來的重視，對是非黑白的堅持。

「小朋友是一張白紙」，我們加什麼顏色進去，他未來就會成為一個怎樣的人。
希望大家跟孩子打開這書時，讓孩子看到的不止是民主、自由與公義的定義與概念，
而是看到自己可以為所愛的地方與城市帶來希望與光明。

過去兩三年，我們失去了很多發聲的空間與平台，甚至會怕說真話，這些現象正正提醒
我們，「免於恐懼的自由」之可貴。在制度與社會崩壞之時，家庭教育將會是最後一道守
護牆。

把第一本書送到大學的老師手上，他高興的看著。不過一會，就把我心裡的說話都說了
出來。當年政政系的教授們，見證我們這一代怎樣認識這些普世價值。把我們由什麼都
不懂的膚淺學生，潛移默化到成為一個政治系畢業生。

多謝你們教我，這是眾人之事。所以，無論身處的崗位是作為母親、作者、老師、學生，
還是一個路人，我們都可以在這個令人看不過眼的時代，多行一小步，多出一分力。

毋忘過往每一位前人的栽種，讓我們有機會在公義樹下稍稍歇息，
但願希望的種子可以流傳下去，在將來結出更多良善與公義的果子。

感謝在這栽種的過程中，有你同路。

目 錄

就是我可以自由地選擇，　　　　　　　做自己想做的事囉！

Positive liberty

消極自由

有不受制於他人的自由
(Freedom from)

哦......即是我夜晚想不睡就不睡、
早上想不早起就不早起、
平日想不出門就不出門的自由。

積極自由

能為自己做自主
的決定
(Freedom to)

那即是我去選擇
玩什麼玩具、
看什麼書的自由。

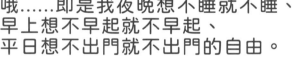

你很聰明,但不妨再想深一層。

你所做的決定,真的是自由作出的選擇嗎?
真的是不受干涉下而決定的嗎?

有沒有一些人和事的發生會改變你的作決定?

因著這些事而作出的選擇,
是真的免於恐懼下所做的嗎?

當一個人能不受他人的干預,作出自己的選擇,這是最直接的自由。

每種自由都有不同程度，
特定自由的界線（如言論自由、信仰自由及投票自由）
都需要法律來做界定。

在1940年，當時的美國總統羅斯福（Franklin D. Roosevelt）
就曾提出過「四大自由」（Four Freedoms）。

言論自由 Freedom of Speech

宗教自由 Freedom of worship

免於匱乏的自由 Freedom from want

免於恐懼的自由 Freedom from fear

聯合國重申這四大自由的精神：
「人人享有言論和信仰自由並免於恐懼和匱乏」（《世界人權宣言》）

Franklin D. Roosevelt

民主與自由是好朋友。

文治

文學

旅遊

設計

休息

社會

足球

藝術

我們可以做自己的主人，
自主地譜寫自己的人生。

候選人

① 🐰 周小兔
② 🐿️ 黃松鼠
③ 🐶 陳小狗
④ 🦀 寄居蟹

投票

民主也是自由的體現，
每個公民都可以自主地
選擇自己支持的政府。

早於1789年，法國大革命《人權與公民權利宣言》
(Declaration des droits de L'Homme et du citoyen)
中的第一條:

在權利方面，
人類是與生俱來而且
始終是自由與平等的

但同時，自由是指
有權利從事一切無
害於他人的行為

19世紀英國社會學家Herbert Spencer曾說：

EVERY MAN IS FREE TO DO THAT WHICH HE WILLS, PROVIDED HE INFRINGES NOT THE EQUAL FREEDOM OF ANY OTHER MAN

每個人都有自由去做任何事，
只要沒有侵犯任何人得到
「平等的自由」。

那你說，自由是否只是
「自己喜歡做就做什麼」？

Liberty

拉丁文：

libertatem

德國漢堡市政廳上寫著:
Libertatem quam peperere maiores digne studeat servare posteritas
（自由，由你的先輩所贏取，後來的人，請對它予以尊敬）

LIBERTATEM QUAM PEPERERE
MAIORES DIGNE STUDEAT
SERVARE POSTERITAS

所以，自由並不廉價的
因著很多前人栽種，
我們才可以在樹下乘涼

就好像愛心樹 (Giving Tree) 中的樹一樣，
讓後人在樹下得到守護。

什麼是自由？工作紙

掃瞄 QR Code，
下載工作紙亦可！

① 小朋友，您好！看完《什麼是自由》後，你喜歡嗎？
（請在適當的表情填上顏色）

很想再看一次

很好看

不肯定

不喜歡

② 有否對「自由」的認識加深了？
我們一同來看看以下哪些情況，才是正確運用「自由」呢？

◯ 在公園大聲聽音樂

◯ 在沙發上打遊戲機休息

◯ 深夜時，
大聲唱歌

◯ 用自己的零用錢
買喜歡的東西

為什麼這是我們能擁有的自由？

③ 那你現在最想做什麼? 為什麼?

吃飯　　睡覺　　去遊樂場　　打遊戲機　　郊遊

現在能不能做? 你的考慮是什麼?

- 我是否真的很想做?
- 媽媽到底想不想我做? 我做了會令她傷心嗎?
- 我做的時候, 有沒有影響到別人?
- 我是不是受威嚇下選擇做的?

哲學家柏林提出了 「消極自由」 與 「積極自由」 。

④ 你能各舉出一例子，並繪畫在適當位置， 以分辨它們嗎？

小提示　想更好地掌握概念，先重溫繪本中所提出的定義吧！

積極自由　　　　　　　　消極自由

保障人權！

抗議

公義

⑤ 美國前總統羅斯福會經提出「四大自由」，試在圖中將他們找出。

你覺得哪一項最重要？為什麼？

⑥ 你認為自由的價值是什麼?

⑦ 為什麼人需要有自主的選擇?

⑧ 為什麼社會需要有自由的選擇?

⑥ 在世界各地，很多人也不是活在自由當中，
不是所有人都擁有自由。

自由得來不易，當我們擁有的時候就應該好好珍惜。

**如果你的朋友生活在以下的地方，
你會如何跟他說「自由」這概念？**

北韓 台灣 香港 俄羅斯 美國

補充資料

**2022
全球自由指數**

小朋友，自由盛載了對未來的希望。
當我們可以自我選擇、追求喜愛的事物，
隨心所欲地表達意見、傳遞不同的價值觀時，
不要忘記很多人默默為這份追求付出努力，
請珍惜得來不易的自由。

自由空氣罐

小朋友，恭喜您！
你已經成功掌握「自由」
的概念了。

請在自由戰士上畫上你的樣子，
並寫上你的姓名。

童心看世界系列 - 什麼是自由？

作者｜HELLO BONNIE 國際親子台
編輯｜HELLO BONNIE 國際親子台
繪圖及排版｜Jo

出版｜ 希望製造有限公司
地址｜ 臺北市松山區民生東路三段130巷5弄22號二樓
電話｜ 02-2546 5557
合作出版｜ 釀出版
印製發行｜ 秀威資訊科技股份有限公司
總 經 銷｜ 聯合發行
出版日期｜ 2022 年 9月
版次｜ 第一版
2023年10月 二刷
ISBN 978-626-96009-5-3
定價｜ 380元

童心看世界系列 📖

跟孩子談民主、公義與自由！

全新繪本
適合3-6歲 😊